이단아 VOCA

"무료 동영상 강의를 보며 나만의 영단어 비법 공책 만들기"

GREEN LEVEL Season 2

이단아 VOCA

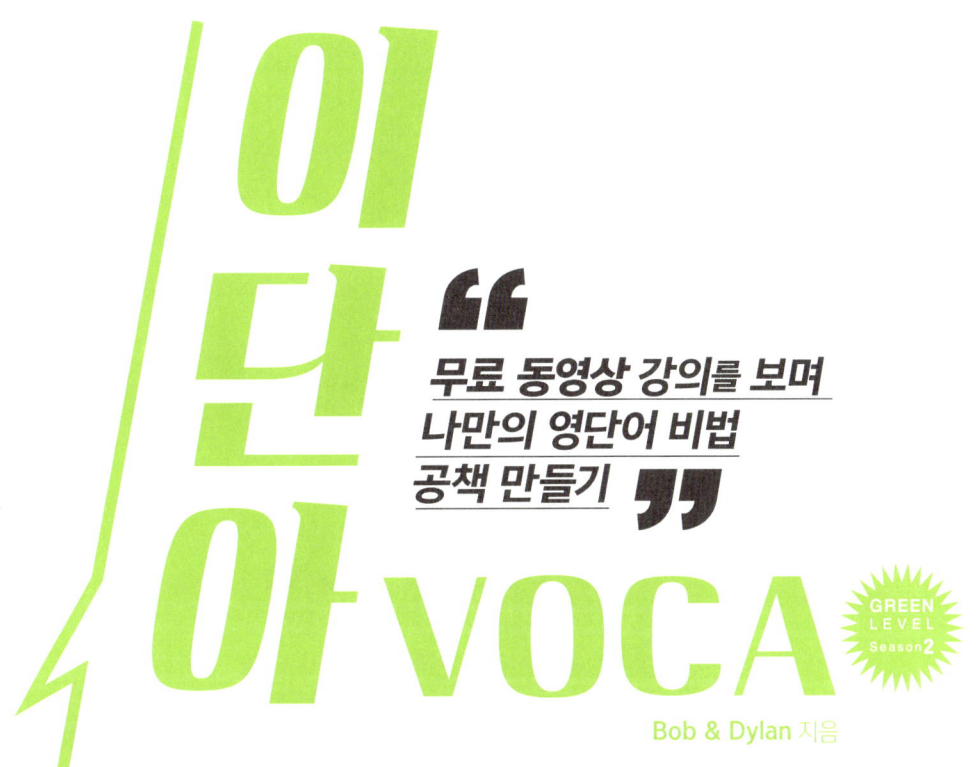

"무료 동영상 강의를 보며 나만의 영단어 비법 공책 만들기"

GREEN LEVEL Season 2

Bob & Dylan 지음

TOEIC, TOEFL, TEPS
수능, 초중고 내신
대학편입
원문독해

모든 영어 시험 대비 + 영어 감각 키우기 DIY Study Book

책·무료 강의 동영상 활용법

각자 진도에 따라 책을 편다
▼

유튜브에 접속하여 '**이단아 보카**'를 검색한다
▼

각자 **진도**에 해당하는 강좌를 찾는다
(ex) "Season 2 Unit 2" 등)
▼

동영상 강의를 집중해서 들으며 꼼꼼하게 **필기** 한다
(자칫 놓친 부분은 다시 듣는 게 좋다)
▼

책에 정리된 단어 목록으로 방금 배운 어휘들을 **복습**한다
▼

깔끔하게 필기했는지 **검토**하고 놓친 부분을 **다시 체크**한다
(D I Y 의 핵심 과정)
▼

이해가 안되는 부분은 **표시**해 두었다가 시간 날 때 강의를 다시 들으며 **복습**한다
▼

점점 자기도 모르게 **영단어의 달인**이 되어 간다
▼

각종 시험에서 뛰어난 성적을 올려 원하는 점수를 **얻는다**
▼

더 이상 영어 단어 때문에 **고민**하지 않는다
▼

행복하다

이단아 VOCA
DIY Study Book

TOEIC, TOEFL, TEPS
수능, 초중고 내신
대학편입
원문독해

모든 영어 시험 대비 + 영어 감각 키우기
· · · ·
스스로 제작 공책

평균 15분 내외의 동영상 강의를 통해
전국 최고 퀄리티의 **어휘 과외 선생님**을 만나는 효과를 누릴 수 있습니다.
또한 강의를 들으며 필기가 가능하고 스스로 시험까지 완료하는
DIY STUDY BOOK으로 세상 어디에도 없는
나만의 영단어 비법 공책을 완성하세요.

이 공책을 사용하기 전에
'**이단아 VOCA Pre-Class Lecture**' 영상을 보면
이단아VOCA의 공부 원리를 더욱 쉽게 이해할 수 있습니다.

이단아VOCA를 소개합니다

이 영어 단어 아세요? Vocabulary

기존 영어 어휘 학습의 단점부터 알아야 합니다.

✗ 단순암기를 통한 학습

가장 오래된 학습법이지만 학생의 순수한 노력에만 의존하는 비효율적인 방법. 단어를 외우더라도 기억이 오래가지 않을뿐더러 흥미를 느낄 수 없고 주입식으로 끊임없이 지속되므로 실증을 느껴 심지어 영어를 포기하게 만드는 주된 원인이 됨. 학교, 학원, 개인이 가장 손쉽게 접할 수 있는 방법이라 암기를 권유하고 시도하지만 공부하는 시간에 비해 턱도 없이 부족한 효율성. 다른 과목도 복합적으로 공부해야 하는 수험생에게는 시간의 적이 될 수 밖에 없음.

✗ 기억법을 통한 학습

해마 기억법, 공간 지각 기억법, 그림 기억법, 스토리 텔링 기억법 등을 통한 어휘 학습은 기억이 오래 간다는 것은 장점. 그러나 어휘가 가지고 있는 생성 원리를 알 수 없으며 대부분 한두 가지 뜻만 외우기 때문에 영어에 실제로 적용하는데 문제가 많음. 어휘의 의미는 당장 떠올릴 수 있으나 시간이 지나면 어휘 자체의 의미는 잊어버리고 기억했던 과정이나 그림, 공간, 연결된 이야기의 내용만 기억이 나는 경우가 많음.

✗ 기존의 어근 학습법

가장 나은 어휘 학습법이라 할 수 있으나 이 방법을 적용한 교재나 학습법은 이미 높은 어휘 수준에 올라 있는 학생 위주로 만들어진 경우가 많음. 어휘 초급자에게는 수준이 맞지 않는 경우가 대부분. 각 어근이나 접미사, 접두사에 딸린 단어의 실제 조합 원리를 체계적으로 가르치는 것이 아니라 이미 조합된 단어의 나열을 통해 학생 스스로 단어의 생성 원리를 파악해야함. 실제로 많이 사용 되지 않는 어휘를 제시하여 어휘에 대한 현학적 태도만 키울 뿐 시험에 적용하거나 글을 편하게 읽는 등의 실용적인 측면에서 보면 비효율적임.

★ 이단아 VOCA와 함께 영어 학습의 단점을 극복합시다! ★

O
- 어휘 학습의 핵심인 기억 지속력과 응용력 그리고 공부시간 절약을 한 번에 해결하는 프로그램
- 학습 진행순서
   1) 평균 15분 정도의 Bob 선생의 무료 동영상 강의를 시청하면서 DIY STUDY BOOK에 바로 필기.
   2) 시청 후 동영상의 내용을 떠올리며 5~10분 DIY STUDY BOOK으로 바로 복습.
   3) 복습 후 Test를 통해 그날 배운 어휘는 그날 완성.
   * 사람마다 약간의 차이는 있을 수 있으나 25~30분 정도 소요.

O
회당 평균 15분 내외로 제작된 Bob 선생의 동영상 강의는 쉬운 단어부터 영어 어휘의 생성 원리를
알려줌. 각 어휘의 기본 의미 외에도 다른 의미의 파생 원리를 각종 배경 지식과 재미있는 설명을 통해 쉽게 알려줌.
암기의 보존력을 최대로 키움은 물론 각종 시험을 보는 능력 뿐 아니라 글을 읽는 응용력까지도 생성되는 효과.

O
버스, 지하철, 집과 학교 심지어는 화장실에서까지 일정 분량의 어휘를 외우기 위해 단어책을 끝없이 쥐고 있는
공부법은 이제 그만. 매일 25~30분 동안 영상과 DIY STUDY BOOK으로 하루에 배울 분량만 공부하면 끝.
외우지 않아도 이해하게 되면 성취감이 올라가고 집중력도 향상. 스스로 원하는 방식, 시간, 방법으로 공부하면 됨.

O
쉬운 단어에서 어려운 단어까지 교육부에서 지정한 필수 어휘를 토대로 구성된 내용. 내신, 수능뿐 아니라
각종 공인 영어 시험에서도 자주 출제되는 어휘를 공부하게 됨으로 시험에 강한 실력을 갖추게 됨.

O
단어 때문에 읽던 글이 막히는 일은 이제 그만! 자꾸 독해를 하려는 버릇도 이제 그만! 영어는 영어로써 이해해야 함.
이단아VOCA는 어휘의 생성 원리와 단어가 어째서 그러한 의미를 갖게 되었는지 알게 해주므로 영어의 감각으로
영어 문장을 이해하게 해줌.

차례 이단아 VOCA / 접두사

책·무료 강의 동영상 활용법 ········· 04

이단아 VOCA를 소개합니다 ········· 06

Unit 1 ········· 11
un- + 엄청나게 쉬운 동사, 형용사
　　　일부 과거분사, 전치사

Unit 2 ········· 19
dis- + 어렵지 않은 동사, 형용사, 명사
　　　일부 과거분사

Unit 3 ········· 27
ab-, se- + 조금 생소할 수 있는 형용사, 동사, 명사
　　　　필수 어근

Unit 4 ········· 35
in-과 in-의 변형 + 조금 생소할 수 있는 명사, 동사
　　　　　　　필수 어근

Unit 5 ········· 43
e-, ex- + 어렵지 않은 동사, 명사
　　　필수 어근

Unit 6 ········· 51
pro- + 어렵지 않은 동사, 명사
　　　필수 어근

Unit 7 ... 59
re- + 엄청나게 쉬운 동사, 형용사

Unit 8 ... 67
de- + 조금 생소할 수 있는 명사, 동사
　　　　필수 어근

Unit 9 ... 75
sub-, trans- + 어렵지 않은 명사, 동사
　　　　　　 필수 어근

Unit 10 ... 83
pre-, fore-, anti(e)- + 엄청나게 쉬운 명사, 동사
　　　　　　　　　 필수 어근

Unit 11 ... 91
up-, out-, over- + 엄청나게 쉬운 명사, 동사, 형용사
　　　　　　　 현재분사(~ing), 과거분사

Unit 12 ... 99
tele-, inter-, ad- + 어렵지 않은 명사, 동사
　　　　　　　 대부분 이전에 배웠던 어근

Unit 13 ... 107
com-, co-, com- 의 변형 + 어렵지 않은 명사, 형용사
　　　　　　　　　　　 배웠던 어근과 새로운 어근

Unit 14 ... 115
en-, per- + 어렵지 않은 명사, 엄청나게 쉬운 형용사
　　　　　필수 어근

| un- | 엄청나게 쉬운 **동사, 형용사**
일부 **과거분사, 전치사**

UNIT 1.1 Essential Words
쉬운 단어지만 필수니까!

유튜브 무료 강의 동영상 : 이단아VOCA
Green Level : Season 2 : Unit 1.1

필수 단어	의미
lock	
fold	
cover	
happy	
easy	
kind	
able	
usual	
fair	
willing	
fortunate	
comfortable	
expected	
known	
told	
like	

UNIT 1.2 Adding Prefixes 이제 접두사를 붙여보자

유튜브 무료 강의 동영상 : 이단아VOCA
Green Level : Season 2 : Unit 1.2

접두사	필수 단어	완성 단어	새로운 의미
un	lock		
un	fold		
un	cover		
un	happy		
un	easy		
un	kind		
un	able		
un	usual		
un	fair		
un	willing		
un	fortunate		
un	comfortable		
un	expected		
un	known		
un	told		
un	like		

다음 페이지로 넘어가자

UNIT 1.2 Additional Study — 쉬운 패턴인데 조금 더 알아볼까

유튜브 무료 강의 동영상 : 이단아VOCA
Green Level : Season 2 : Unit 1.2

접두사	필수 단어	완성 단어	새로운 의미
mis	take		
mis	lead		
mis	fortune		

단어의 변형과 의미를 다시 한 번 정리!

의미가 달라지는 단어도 있으니 잘 기억해!

lock	잠그다	unlock	열다
fold	접다	unfold	펴다
cover	덮다	uncover	(뚜껑)을 열다
happy	행복한	unhappy	불행한
easy	쉬운	uneasy	불편한
kind	친절한	unkind	불친절한
able	~할 수 있는	unable	~할 수 없는
usual	일반적인	unusual	특이한
fair	공평한	unfair	불공평한
willing	기꺼이 ~하는	unwilling	꺼리는
fortunate	다행인	unfortunate	불행인
comfortable	편안한	uncomfortable	불편한
expected	기대되는	unexpected	기대치 않았던
known	알려진	unknown	알려지지 않은
told	언급된	untold	실로 엄청난
like	~처럼, ~같이	unlike	~와는 달리
take	취하다	mistake	실수하다
lead	이끌다	mislead	오도하다(잘못 이끌다)
fortune	행운	misfortune	불운, 불행

UNIT 1 오늘의 쪽지 시험
학습 효과를 확인해봐~!

1. 단어의 의미를 써보자.

단어	의미		단어	의미
1 comfortable			11 happy	
2 fortunate			12 known	
3 fair			13 lock	
4 expected			14 able	
5 willing			15 told	
6 cover			16 fold	
7 usual				
8 like				
9 kind				
10 easy				

2. 접두사 붙여 한 번 더~

단어	의미		단어	의미
1 uneasy			11 unable	
2 mislead			12 unkind	
3 uncomfortable			13 misfortune	
4 unexpected			14 unfortunate	
5 unhappy			15 unlock	
6 uncover			16 unwilling	
7 unfair			17 unknown	
8 unfold			18 unusual	
9 unlike			19 untold	
10 mistake				

3. 빈 칸에 알맞은 단어를 넣자.

1. It's very _____ of her to make me delicious dinner.
   나에게 맛있는 저녁을 만들어 주신다니 너희 어머니는 너무 친절하시구나.

2. What can you make by _____ing paper?
   여러분은 접은 종이로 무엇을 만들 수 있나요?

3. It is not _____ to help a stranger on the street.
   거리에서 낯선 사람을 돕는다는 건 쉬운 일이 아니야.

4. I'll _____ the door!
   문 잠그고 갈게요.

5. Riley is _____ to *go the distance for friendship.
   Riley는 우정을 위해 기꺼이 끝까지 가려 한다. (* go the distance = 어떤 일이든 끝까지 해내다)

6. The name is Park Jae-sang, and he is _____ as Psy.
   이름은 박재상이고, 그는 싸이로 알려져 있다.

7. The causes were _____ .
   그 원인은 알려지지 않았다.

8. Recently a second female mummy was _____ by the workers again.
   최근 두 번째 미라가 다시 인부들에 의해 파헤쳐 졌다.

9. It can lead to an _____ accident.
   이것은 예상치 못한 사고로 이어질 수도 있습니다.

10. Everyone makes a _____ sometimes.
    누구나 종종 실수를 합니다.

11. _____ most western food, Korean food is good for your health.
    서양 음식의 대부분과는 다르게, 한국 음식은 건강에 좋습니다.

12. Suyuan was eventually rescued, but she was _____ to find her daughters.
    쑤안은 결국 구출되었지만, 딸들을 찾을 수 없었다.

정답

[1] 1 편안한 2 다행인 3 공평한, 박람회 4 기대되는 5 기꺼이~하는 6 덮다, 덮개 7 보통, 일반적인 8 ~처럼, 좋아하다 9 친절하다 10 쉬운 11 행복한 12 알려진 13 잠그다 14 ~할 수 있는 15 언급된 16 접다

[2] 1 쉽지않은, 불편한 2 오도하다 3 불편한 4 예치못한 5 불행한 6 (뚜껑을)열다 7 불공평한 8 펴다 9 ~와는 달리 10 실수하다 11 ~할 수 없는 12 불친절한 13 불행, 불운 14 불행인 15 열다 16 꺼리다 17 알려지지 않은 18 특이한 19 실로 엄청난

[3] 1 kind 2 fold 3 easy 4 lock 5 willing 6 known 7 unknown 8 uncovered 9 unexpected 10 mistake 11 Unlike 12 unable

Green Level - Season 2 _ Unit 1

| dis- | 어렵지 않은 **동사, 형용사, 명사**
일부 **과거분사**

Green Level – Season 2

UNIT 2.1 Essential Words
쉬운 단어지만 필수니까!

유튜브 무료 강의 동영상 : 이단아VOCA
Green Level : Season 2 : **Unit 2.1**

필수 단어	의미
like	
agree	
appear	
count	
cover	
pose	
honest	
similar	
content	
order	
courage	
advantage	
appointed	
miss	

UNIT 2.2 Adding Prefixes 이제 접두사를 붙여보자

유튜브 무료 강의 동영상 : 이단아VOCA
Green Level : Season 2 : Unit 2.2

접두사	필수 단어	완성 단어	새로운 의미
dis	like		
dis	agree		
dis	appear		
dis	count		
dis	cover		
dis	pose		
dis	honest		
dis	similar		
dis	content		
dis	order		
dis	courage		
dis	advantage		
dis	appointed		
dis	miss		

UNIT 2.2 Additional Study — 쉬운 패턴인데 조금 더 알아볼까

접두사	단어	접미사	완성 단어	새로운 의미
dif	fer	ent		
di	mini	ish		
di	vid	e		

단어의 변형과 의미를 다시 한 번 정리!

의미가 달라지는 단어도 있으니 잘 기억해!

like	좋아하다	dislike	싫어하다
agree	동의하다	disagree	동의하지 않다
appear	나타나다	disappear	사라지다
count	세다	discount	할인하다
cover	덮다	discover	발견하다
pose	자세, 포즈, 제기하다	dispose	배치하다
honest	정직한	dishonest	정직하지 못한
similar	비슷한	dissimilar	같지 않은
content	내용, 만족하는	discontent	불만
order	질서, 순서, 명령, 주문	disorder	엉망, 장애
courage	용기	discourage	막다, 좌절시키다
advantage	이점, 장점, 유리한 점	disadvantage	불리한 점
appointed	지명된	disappointed	실망한, 낙담한
miss	놓치다, 실수하다, 그리워하다	dismiss	해산시키다, 묵살하다
		different	다른
		diminish	줄어들다, 약해지다, 줄이다, 약화시키다
		divide	나누다

Green Level - Season 2 _ Unit 2

UNIT 2 오늘의 쪽지 시험
학습 효과를 확인해봐~!

1. 단어의 의미를 써보자.

단어	의미	단어	의미
1 pose		11 cover	
2 honest		12 like	
3 order		13 similar	
4 advantage		14 courage	
5 count			
6 appointed			
7 content			
8 agree			
9 miss			
10 appear			

2. 접두사 붙여 한 번 더~

단어	의미	단어	의미
1 disorder		11 discourage	
2 diminish		12 different	
3 dissimilar		13 dishonest	
4 disappointed		14 discover	
5 dispose		15 disagree	
6 disadvantage		16 disappear	
7 divide		17 dislike	
8 discount			
9 discontent			
10 dismiss			

3. 빈 칸에 알맞은 단어를 넣자.

1 I _____ with you that sunblock is helpful and crucial.
   선크림이 도움이 되고 중요하다는 것에는 동의한다.

2 But do not _____ other valuable things in your life!
   그러나 여러분의 인생에서 더 가치있는 것을 놓치지 마세요!

3 He was _____ with second place.
   그는 2위에 만족했다.

4 As a matter of fact, I had a _____ experience.
   사실 나도 비슷한 경험이 있어.

5 Finally, the couple _____ed to the public eye as a family.
   마침내, 그 부부가 가족으로써 대중 앞에 모습을 드러냈다.

6 Others don't have a right to _____ somebody to do something or not.
   다른 사람들은 누군가에게 무엇을 해라 또는 말라고 명령할 권리가 없어.

7 People speak _____ languages in different countries around the world.
   세계 각국의 사람들은 서로 다른 언어를 사용합니다.

8 Interestingly, a lot of people _____d the tower at first.
   재미있게도, 처음에는 많은 사람들이 그 탑을 싫어했습니다.

9 I was very _____ed because I was waiting for the class.
   나는 그 수업 시간을 기다려왔기 때문에 무척 실망했어.

10 I really strived to overcome my _____s.
   저는 제 불리한 점을 극복하기 위해 정말 노력했어요.

11 However, that is not a valid reason for her to _____ the singer's opinion.
   하지만, 그것이 그 가수의 의견을 무시할 만한 정당한 이유는 아니다.

12 Were they _____d?
   그들이 좌절했을까?

정 답

[1] 1 자세, 제기하다 2 정직한 3 질서, 순서, 명령, 주문 4 이점, 장점, 유리한 점 5 세다 6 지명하다 7 내용, 만족하는 8 동의하다 9 놓치다, 실수하다, 그리워하다 10 나타나다 11 덮개, 덮다 12 좋아하다 13 비슷한 14 용기

[2] 1 엉망, 장애 2 줄어들다, 줄이다 3 다른, 같지 않은 4 실망된 5 배치하다 6 불리한 점 7 나누다 8 할인하다 9 불만족인 10 해산시키다, 묵살하다 11 좌절시키다 12 다른 13 부정직한 14 발견하다 15 동의하지 않다 16 사라지다 17 싫어하다

[3] 1 agree 2 miss 3 content 4 similar 5 appear 6 order 7 different 8 dislike 9 disappoint 10 disadvantage 11 dismiss 12 discourage

Green Level – Season 2 _ Unit 2

| ab-, se- | 조금은 생소할 수 있는
형용사, 동사, 명사, 필수 어근

UNIT 3.1 Essential Words
쉬운 단어지만 필수니까!

유튜브 무료 강의 동영상 : 이단아VOCA
Green Level : Season 2 : Unit 3.1

필수 단어 및 어근	의미
normal	
surd	
sorb	
band	
solute	
-sent = feel	
cure	
par	
-greg = herd, flock	
-lect = choose	
-cret = bear, produce	
-clude = close	
-duc = lead	

UNIT 3.2 이제 접두사를 붙여보자
Adding Prefixes

유튜브 무료 강의 동영상 : 이단아VOCA
Green Level : Season 2 : Unit 3.2

접두사	필수 단어 및 어근	완성 단어	새로운 의미
ab	normal		
ab	surd		
ab	sorb		
ab	band		
ab	solute		
ab	-sent = feel		
se	cure		
se	par		
se	-greg = herd, flock		
se	-lect = choose		
se	-cret = bear, produce		
se	-clude = close		
se	-duc = lead		

UNIT 3.2 Additional Study
쉽지 않지만 조금 더 알아볼까

유튜브 무료 강의 동영상 : 이단아VOCA
Green Level : Season 2 : Unit 3.2

접두사	필수 어근	완성 단어	새로운 의미
ob	-ject		
ob	-fend		
ob	-pose		
ob	-press		
ob	-fer		
ob	-casion		
ob	-tain		
ob	-cup + y		

단어의 변형과 의미를 다시 한 번 정리!
의미가 달라지는 단어도 있으니 잘 기억해!

normal	보통의	abnormal	비정상적인
surd	불합리한	absurd	터무니없는
sorb	흡수하다	absorb	흡수하다
band	끈, 무리	abandon	버리다
solute	용질	absolute	절대적인
-sent = feel	느끼다	absent	결석한
cure	치료하다, 돌보다	secure	안전한
par	기준 타수(골프)	separate	분리하다
-greg = herd, flock	무리, 떼	segregate	구분, 차별하다
-lect = choose	선택하다	select	선택하다
-cret = bear, produce	낳다, 생산하다	secret	비밀
-clude = close	닫다	seclude	은둔하다, 고립시키다
-duc = lead	이끌다	seduce	꾀다, 유혹하다
		object	반대하다
		offend	공격하다
		oppose	반대하다
		oppress	탄압하다
		offer	제공하다, 제안
		occasion	경우, 행사
		obtain	얻다, 입수하다
		occupy	차지하다

Green Level - Season 2 _ Unit 3

UNIT 3 오늘의 쪽지 시험
학습 효과를 확인해봐~!

1. 단어의 의미를 써보자.

단어	의미		단어	의미
1 -greg=herd		11	-sent=feel	
2 band		12	-cret=bear	
3 normal		13	solute	
4 -lect=choose				
5 cure				
6 sorb				
7 -duc=lead				
8 surd				
9 -clude=close				
10 par				

2. 접두사 붙여 한 번 더~

단어	의미		단어	의미
1 secure		11	offend	
2 abandon		12	separate	
3 object		13	offer	
4 absurd		14	seclude	
5 oppress		15	secret	
6 segregate		16	occupy	
7 oppose		17	absorb	
8 occasion		18	absolute	
9 seduce		19	obtain	
10 absent		20	abnormal	

3. 빈 칸에 알맞은 단어를 넣자.

1. When she was born, she was a _____ , healthy baby.
   그녀는 태어났을 때 정상적이고 건강한 아기였습니다.

2. Finally, she came up with a _____ that actually works!
   드디어, 그녀는 실제로 효과가 있는 치료법을 생각해냈답니다!

3. She has been a member of the _____ .
   그녀는 그 무리의 일원이다.

4. They suggested very _____ methods.
   그들은 매우 부조리한 방법들을 제시했다.

5. The future of the company seems to be _____ .
   그 회사의 미래는 안전해 보인다.

6. The center will take good care of the _____d animals.
   그 센터는 버려진 동물들을 잘 보살필 것입니다.

7. Taekwondo _____s a variety of physical and mental benefits.
   태권도는 다양한 신체적, 정신적 이점들을 제공합니다.

8. The Oceans _____ the majority of the surface of the earth.
   대양들은 지구 표면의 대부분을 차지하고 있다.

9. He _____d the woman with honeyed words.
   그 사나이는 달콤한 말로 여인을 현혹했다.

10. Popularity is easy to _____ on the worldwide web.
    인터넷에서는 인기를 얻는 것이 쉽다.

정답

[1] 1 무리, 떼 2 끈, 무리 3 보통의 4 선택하다 5 치료하다, 돌보다 6 흡수하다 7 이끌다 8 불합리한 9 닫다 10 동등(골프 기준타수) 11 느끼다 12 품다 13 용질

[2] 1 안전한 2 버리다 3 반대하다, 목적(어:물) 4 터무니없는 5 탄압하다 6 구분, 차별하다 7 반대하다 8 경우, 행사 9 꾀다, 유혹하다 10 결석한, 부재인 11 공격하다 12 분리하다, 분리된 13 제공하다 14 은둔하다 15 비밀 16 차지하다 17 흡수하다, 집중하다 18 절대적인 19 얻다, 입수하다 20 비정상적인

[3] 1 normal 2 cure 3 band 4 surd / absurd 5 secure 6 abandone 7 offer 8 occupy 9 seduce 10 obtain

| in-과 in-의 변형 | 조금은 생소할 수 있는
명사, 동사, 필수 어근

UNIT 4.1 Essential Words
쉬운 단어지만 필수니까!

유튜브 무료 강의 동영상 : 이단아VOCA
Green Level : Season 2 : Unit 4.1

필수 단어 및 어근	의미
door	
side	
sight	
vest	
stall	
fluence	
put	
come	
form	
-struct = made	
-fect = make, fact	
-clude = close	
-sert = put	
-spect = look at, glare	
-volv(e) = roll	
-vad(e) = go	

UNIT 4.2 Adding Prefixes 이제 접두사를 붙여보자

유튜브 무료 강의 동영상 : 이단아VOCA
Green Level : Season 2 : Unit 4.2

접두사	필수 단어 및 어근	완성 단어	새로운 의미
in	door		
in	side		
in	sight		
in	vest		
in	stall		
in	fluence		
in	put		
in	come		
in	form		
in	-struct = made		
in	-fect = make, fact		
in	-clude = close		
in	-sert = put		
in	-spect = look at, glare		
in	-volv(e) = roll		
in	-vad(e) = go		

UNIT 4.2 Additional Study
쉽지 않지만 조금 더 알아볼까

유튜브 무료 강의 동영상 : 이단아VOCA
Green Level : Season 2 : Unit 4.2

접두사	필수 단어	완성 단어	새로운 의미
im	port		
im	press		
in	dependent		
im	possible		
il	legal		
ir	regular		
i	gnore		

단어의 변형과 의미를 다시 한 번 정리!

의미가 달라지는 단어도 있으니 잘 기억해!

door	문	indoor	실내의
side	면, 옆, 곁	inside	내부에(로)
sight	시력, 시각, 봄	insight	통찰력, 이해
vest	조끼, 속옷	invest	투자하다
stall	구역이 있는 장소	install	설치하다
fluence	영향	influence	영향
put	놓다	input	투입, 조언
come	오다	income	수입
form	형성하(시키)다	inform	(정보를)주다
-struct = made	만들어진	instruct	지시하다
-fect = make, fact	만들다, 사실	infect	감염시키다
-clude = close	닫다	include	포함하다
-sert = put	놓다	insert	삽입하다
-spect = look at, glare	보다	inspect	조사하다
-volv(e) = roll	구르다	involve	연루 시키다
-vad(e) = go	가다	invade	침입하다
		import	수입하다, 중요성
		impress	인상을 주다
		independent	독립적인
		impossible	불가능한
		illegal	불법적인
		irregular	불규칙적인
		ignore	무시하다

UNIT 4 오늘의 쪽지 시험
학습 효과를 확인해봐~!

1. 단어의 의미를 써보자.

단어	의미	단어	의미
1 -fect=make,fact		11 -clude=close	
2 put		12 come	
3 form		13 -vad(e)=go	
4 -volv(e)=roll		14 sight	
5 fluence		15 -struct=made	
6 -spect=see		16 stall	
7 door		17	
8 vest		18	
9 side		19	
10 -sert=put			

2. 접두사 붙여 한 번 더~

단어	의미	단어	의미
1 input		11 infect	
2 impress		12 import	
3 illegal		13 inform	
4 involve		14 ignore	
5 instruct		15 invest	
6 irregular		16 independent	
7 invade		17 inspect	
8 insight		18 indoor	
9 influence		19 insert	
10 include		20 impossible	

3. 빈 칸에 알맞은 단어를 넣자.

1. Poetry is a _____ of writing that is beloved around the world.
   시는 전세계적으로 사랑받는 글쓰기 형식입니다.

2. You must have been horrified at the _____ of the destructive waves.
   파괴적인 파도의 광경을 보고 분명히 공포에 질렸을 거예요.

3. When the wind is too strong, lock windows and _____s.
   바람이 너무 강할 때는 창문과 문을 잠궈라.

4. It is painted on the _____s of buildings.
   그것은 건물의 측면에 그려져 있습니다.

5. The uniform will come with a bullet-proof helmet and _____.
   이 전투복에는 방탄 헬멧과 조끼가 함께 달릴 것이다.

6. In winter, do not _____ your hands in your pockets.
   겨울에는, 주머니에 손을 넣지 마세요.

7. I couldn't go to school because I might _____ other children.
   다른 아이들에게 전염 시킬까봐 학교에도 가지 못했어.

8. Why do we all _____ this feature of the debate?
   우리 모두는 그 토론의 특징을 왜 무시하고 있는가?

9. I _____ed the solar panels on our roof.
   저희 집 지붕에 있는 태양열 판도 조사했습니다.

10. I did not know that the North Korean army _____d South Korea.
    북한군이 남한을 침략했다는 것을 몰랐어.

11. It's almost _____ to buy emergency medicines at night and on the weekend.
    밤이나 주말에 비상 약을 사는 건 거의 불가능한 일이야.

12. America is a nation _____d in many of the world's affairs.
    미국은 세계적인 일에 많이 관련된 국가이다.

정 답

[1] 사실, 만들다 2 놓다 3 형태, 형성하다 4 구르다 5 영향 6 보다 7 문 8 조끼 9 면, 옆, 겉 10 놓다 11 닫다 12 오다 13 가다 14 시력, 시각, 광경 15 만들어진 16 (구역이 있는)장소

[2] 1 투입, 조언 2 인상을 주다 3 불법적인 4 연루시키다 5 지시하다 6 불규칙적인 7 침략하다 8 통찰력, 이해 9 영향(을 끼치다) 10 포함하다 11 감염시키다 12 수입(하다) 13 정보를 주다, 알리다 14 무시하다 15 투자하다 16 독립적인 17 조사하다 18 실내의 19 삽입하다 20 불가능한

[3] 1 form 2 sight 3 door 4 side 5 vest 6 put 7 infect 8 ignore 9 inspect 10 invade 11 impossible 12 involve

| e-,
| ex-

어렵지 않은
동사, 명사, 필수 어근

UNIT 5.1 Essential Words
쉬운 단어지만 필수니까!

유튜브 무료 강의 동영상 : 이단아VOCA
Green Level : Season 2 : **Unit 5.1**

필수 단어 및 어근	의미
act	
change	
tend	
pose	
pend	
cite	
press	
port	
plain	
–it = go	
–ceed = go	
–cel = go	
–cept = take	
–clude = close	
–pand = spread	
–pect = spect = look at	
–hibit = have + go	
–plode = beat	

UNIT 5.2 Adding Prefixes
이제 접두사를 붙여보자

유튜브 무료 강의 동영상 : 이단아VOCA
Green Level : Season 2 : Unit 5.2

접두사	필수 단어 및 어근	완성 단어	새로운 의미
ex	act		
ex	change		
ex	tend		
ex	pose		
ex	pend		
ex	cite		
ex	press		
ex	port		
ex	plain		
ex	-it = go		
ex	-ceed = go		
ex	-cel = go		
ex	-cept = take		
ex	-clude = close		
ex	-pand = spread		
ex	-pect = look at		
ex	-hibit = have + go		
ex	-plode = beat		

Green Level – Season 2 _ Unit 5

UNIT 5.2 Additional Study
쉽지 않지만 조금 더 알아볼까

유튜브 무료 강의 동영상 : 이단아VOCA
Green Level : Season 2 : Unit 5.2

접두사	단어	접미사	완성 단어	새로운 의미
e	mit			
e	volv	e		
e	valu	ate		
ef	fort			
ef	fect			
ef	fic	ient		

단어의 변형과 의미를 다시 한 번 정리!

의미가 달라지는 단어도 있으니 잘 기억해!

act	행동하다	exact	정확한
change	변하다	exchange	교환(하다)
tend	경향이 있다	extend	넓게 만들다
pose	포즈, 제시하다	expose	노출 시키다
pend	매달리다	expend	(비용을)쓰다
cite	낭송하다	excite	흥분시키다
press	언론, 인쇄, 누름	express	표현하다, 고속의
port	항구, 옮김	export	수출하다
plain	평평한	explain	설명하다
-it = go	가다	exit	비상구
-ceed = go	가다	exceed	초과, 초월하다
-cel = go	가다	excel	뛰어나다
-cept = take	취하다	except	~을 제외하고
-clude = close	닫다	exclude	배제하다
-pand = spread	매달(리)다	expand	확장되(시키)다
-pect = look at	보다	expect	기대하다
-hibit = have + go	가지다+가다	exhibit	전시하다
-plode = beat	폭발	explode	폭발하다
		emit	방출하다
		evolve	진화하다, 발전하다
		evaluate	평가하다
		effort	노력
		effect	효과
		efficient	효율적인

Green Level - Season 2 _ Unit 5

UNIT 5 오늘의 쪽지 시험

학습 효과를 확인해봐~!

1. 단어의 의미를 써보자.

단어	의미		단어	의미
1 cite		11	-cel=go	
2 act		12	port	
3 -hibit=have+go		13	-pect=see	
4 pend		14	pose	
5 press		15	change	
6 -plode=beat		16	-clude=close	
7 -cept=take		17	tend	
8 -ceed=go		18	-it=go	
9 plain				
10 -pand=hang				

2. 접두사 붙여 한 번 더~

단어	의미		단어	의미
1 exit		11	excel	
2 emit		12	export	
3 except		13	evolve	
4 explode		14	exceed	
5 exchange		15	extend	
6 express		16	evaluate	
7 effort		17	expand	
8 exclude		18	effect	
9 expose		19	expect	
10 exhibit		20	efficient	

3. 빈 칸에 알맞은 단어를 넣자.

1. One of the most famous locations is the _____ of Hamburg
   가장 유명한 지역 중 하나는 함부르크 항구입니다.

2. Business personalities _____ to give power to right wing politics.
   기업가들은 우익 정당을 지지하는 경향이 있다.

3. I can't say it more _____ than this.
   이것보다 더 단순하게 말할 수 없겠지.

4. When I _____ed the doorbell, a handsome boy opened the door.
   내가 초인종을 누르자 잘생긴 남자아이가 문을 열었어.

5. Always smile when you talk to her and _____ naturally.
   그녀와 대화할 때는 항상 웃고 자연스럽게 행동해.

6. They can _____ for pictures inside each painting!
   그들은 각 그림 속에서 사진 포즈를 취할 수 있다.

7. Bicycles, however, do not _____ any bad gases or carbon dioxide.
   그러나, 자전거는 어떤 나쁜 가스 또는 이산화탄소를 방출하지 않습니다.

8. This house would _____ the use of CCTVs in society.
   사회에서 CCTV의 사용을 확대시켜야 한다.

9. We can _____ someone's ability with their special talents other than their test scores.
   누군가의 능력은 시험 점수 외에도 특별한 재능으로도 평가할 수 있다.

10. As the tapes were _____d to the air, they lost their adhesive strength.
    테이프가 공기에 노출 되면서, 그것들은 접착력을 잃었습니다.

11. The bird has _____d many features enabling it to fly
    새는 하늘을 날 수 있도록 진화해 왔습니다.

12. The bomb _____s in case of any touching.
    그 폭탄은 어떤 접촉이 일어나면 폭발합니다.

정답

[1] 1 낭송하다 2 행동하다 3 가지고+가다 4 매달리다 5 누르다, 인쇄, 언론 6 폭발하다 7 차지하다 8 가다 9 평평한, 단순한 10 매달리다 11 가다 12 항구, 옮기 13 보다 14 자세, 제시하다 15 변화(하다, 시키다) 16 닫다 17 경향이 있다 18 가다

[2] 1 비상구 2 방출하다 3 ~를 제외하고 4 폭발하다 5 교환하다 6 표현하다 7 노력 8 배제하다 9 노출시키다 10 전시하다 11 뛰어나다, 능가하다 12 수출하다 13 진화하다, 발전하다 14 초과, 초월하다 15 넓게 만들다 16 평가하다 17 확장시키(되)다 18 효과 19 기대하다 20 효율적인

[3] 1 Port 2 tend 3 plain 4 press 5 act 6 pose 7 emit 8 expand 9 evaluate 10 expose 11 evolve 12 explode

Green Level - Season 2 _ Unit 5

| pro- | 어렵지 않은 **동사, 명사**
필수 어근

UNIT 6.1 Essential Words
쉬운 단어지만 필수니까!

필수 단어 및 어근	의미
verb	
pose	
mise	
test	
-ceed = go	
-gress = go, walk	
-spect = see, look at	
-vid(e) = see, look at	
-fess = talk	
-ject = throw	
-duc(e) = lead	
-tect = touch, cover	
-sper = spread	
-min = project	
-hibit = have + go	

UNIT 6.2 Adding Prefixes 이제 접두사를 붙여보자

유튜브 무료 강의 동영상 : 이단아VOCA
Green Level : Season 2 : Unit 6.2

접두사	필수 단어 및 어근	완성 단어	새로운 의미
pro	verb		
pro	pose		
pro	mise		
pro	test		
pro	-ceed = go		
pro	-gress = go, walk		
pro	-spect = see, look at		
pro	-vid(e) = see, look at		
pro	-fess = talk		
pro	-ject = throw		
pro	-duc(e) = lead		
pro	-tect = touch, cover		
pro	-sper = spread		
pro	-min = project		
pro	-hibit = have + go		

UNIT 6.2 Additional Study
쉽지 않지만 조금 더 알아볼까

유튜브 무료 강의 동영상 : 이단아VOCA
Green Level : Season 2 : Unit 6.2

접두사	필수 단어	완성 단어	새로운 의미
pur	pose		
pur	chase		
pur	sue		
por	ch		
por	tray		
por	trait		

단어의 변형과 의미를 다시 한 번 정리!

의미가 달라지는 단어도 있으니 잘 기억해!

verb	말, 동사	proverb	속담
pose	자세, 제시하다	propose	제안하다
mise	협정, 협약	promise	약속
test	시험(하다)	protest	저항(하다)
-ceed = go	가다	proceed	진행하다
-gress = go, walk	가다, 걷다	progress	진보하다
-spect = see, look at	보다	prospect	전망, 가망, 예상
-vid(e) = see, look at	보다	provide	준비하다
-fess = talk	말하다	profess	주장, 공언하다
-ject = throw	던지다	project	투영, 계획하다
-duc(e) = lead	이끌다	produce	생산하다
-tect = touch, cover	만지다	protect	보호하다
-sper = spread	퍼지다, 펼치다	prosper	번성, 번영하다
-min = project	내어놓다	prominent	유명한, 중요한
-hibit = have + go	가지다+가다	prohibit	금지하다
		purpose	목적, 목표
		purchase	구매하다
		pursue	추구하다
		porch	현관
		portray	묘사하다
		portrait	초상화

UNIT 6 오늘의 쪽지 시험
학습 효과를 확인해봐~!

1. 단어의 의미를 써보자.

단어	의미		단어	의미
1 -ject=throw			11 -ceed=go	
2 -vid(e)=see			12 -tect=touch,cover	
3 -gress=go step by step			13 pose	
4 verb			14 -spect=see,	
5 -duc(e)=lead				
6 mise				
7 -sper=spread				
8 -min=project				
9 test				
10 -fess=talk				

2. 접두사 붙여 한 번 더~

단어	의미		단어	의미
1 proceed			11 porch	
2 purpose			12 proverb	
3 project			13 produce	
4 pursue			14 propose	
5 protect			15 prospect	
6 provide			16 purchase	
7 portray			17 prosper	
8 prominent			18 progress	
9 protest			19 portrait	
10 promise			20 profess	

3. 빈 칸에 알맞은 단어를 넣자.

1. The sentence needs a _____ .
   그 문장은 동사가 필요하다.

2. A _____ has to have mutual agreement.
   협약은 쌍방의 동의를 가져야만 한다.

3. That _____ doesn't match the dress.
   그 자세는 드레스와 어울리지 않는다.

4. Scientists have just _____ed the new medicine.
   과학자들은 지금 막 신종 약물의 시험을 마쳤다.

5. The second round will _____ regardless of his attendance.
   제2차 변론은 그의 출석 여부와는 상관없이 진행될 것이다.

6. In fact, Chile _____s over 1/3 of the world's copper.
   사실, 칠레는 전 세계 구리의 3분의 1을 생산하고 있습니다.

7. My mom _____d to buy me a new Christmas tree tomorrow.
   엄마는 내일 새로운 크리스마스 트리를 사주기로 약속하셨다.

8. However, community service is important in order to make societies _____ .
   그러나, 지역 봉사 활동은 사회가 번창하도록 하기 위해 중요하다.

9. He makes _____s of celebrities all over the world.
   그는 전 세계의 유명인사들의 초상화를 만듭니다.

10. If we don't _____ the Earth, we cannot live, either.
    만약 우리가 지구를 보호하지 않는다면, 우리 또한 살 수 없습니다.

정답

[1] 1 던지다 2 보다 3 나아가다 4 말, 동사 5 이끌다 6 협정, 협약 7 퍼지다, 펼치다 8 내어놓다(앞으로) 9 시험하다 10 말하다 11 가다 12 만지다, 덮다 13 자세, 제시하다 14 보다

[2] 1 진행하다 2 목적, 목표 3 투영, 계획하다 4 추구하다 5 보호하다 6 제공하다 7 묘사하다 8 유명한, 중요한 9 저항하다 10 약속하다 11 현관 12 속담 13 생산하다 14 제안하다 15 전망, 가망, 예상 16 구매하다 17 번성, 번영하다 18 진보하다 19 초상화 20 주장, 공언하다

[3] 1 verb 2 mise 3 pose 4 test 5 proceed 6 produce 7 promise 8 prosper 9 portrait 10 protect

| re- | 엄청나게 쉬운 **동사, 형용사**

UNIT 7.1 Essential Words
쉬운 단어지만 필수니까!

필수 단어	의미
view	
cycle	
mark	
place	
source	
mind	
side	
pair	
call	
act	
make	
form	
gain	
turn	
cover	
search	
pay	
serve	
wind	
new	
fresh	

UNIT 7.2 Adding Prefixes 이제 접두사를 붙여보자

유튜브 무료 강의 동영상 : 이단아VOCA
Green Level : Season 2 : Unit 7.2

접두사	필수 단어	완성 단어	새로운 의미
re	view		
re	cycle		
re	mark		
re	place		
re	source		
re	mind		
re	side		
re	pair		
re	call		
re	act		
re	make		
re	form		
re	gain		
re	turn		
re	cover		
re	search		
re	pay		
re	serve		
re	wind		
re	new		
re	fresh		

Green Level – Season 2 _ Unit 7

단어의 변형과 의미를 다시 한 번 정리!

의미가 달라지는 단어도 있으니 잘 기억해!

view	시야, 견해, 관점	review	복습, 검토
cycle	순환, 자전거	recycle	재활용
mark	표시, 흔적	remark	언급, 논평(하다)
place	장소, 위치시키다	replace	대체(대신)하다
source	원천, 자료	resource	자원
mind	마음, 꺼리다	remind	상기시키다
side	sit, 측면, 입장	reside	거주하다
pair	짝	repair	고치다
call	부르다, 전화하다	recall	기억해 내다
act	행동하다	react	반응하다
make	만들다	remake	다시 만들다
form	형성하다	reform	개혁하다
gain	모으다	regain	다시 모으다
turn	돌다, 돌리다	return	되돌아오다
cover	덮다, 덮개	recover	회복시키다
search	찾다	research	연구하다
pay	지불하다	repay	갚다, 상환하다
serve	제공하다, 차려주다	reserve	예약, 보류하다
wind	감다	rewind	되감다
new	새로운	renew	갱신하다
fresh	신선한	refresh	생기를 찾게 하다

UNIT 7 오늘의 쪽지 시험
학습 효과를 확인해봐~!

1. 단어의 의미를 써보자.

단어	의미		단어	의미
1 call			11 view	
2 search			12 form	
3 cycle			13 turn	
4 make			14 cover	
5 act			15 source	
6 place			16 new	
7 serve			17 wind	
8 side			18 pay	
9 fresh			19 pair	
10 gain			20 mind	

2. 접두사 붙여 한 번 더~

단어	의미		단어	의미
1 reside			11 replace	
2 renew			12 refresh	
3 react			13 return	
4 rewind			14 remind	
5 remark			15 reform	
6 recycle			16 recall	
7 remake			17 resource	
8 recover			18 repair	
9 review			19 regain	
10 repay				

3. 빈 칸에 알맞은 단어를 넣자.

1. The boss _____ all the wages for us.
   사장님은 우리 모두의 급여를 지급한다.

2. The plate was _____d in the center.
   그 접시는 중앙에 놓여졌다.

3. I really wonder what kind of food will be _____d for lunch.
   나는 점심으로 무슨 음식이 제공 될지 매우 궁금하다.

4. We can _____ something to help.
   우리는 도움이 될만한 무언가를 모을 수 있다.

5. She wanted to know the _____ of the report.
   그녀는 그 보고서의 자료를 알고 싶어 했다.

6. Rocks has been _____ed millions of years.
   바위들은 수백 만 년에 걸쳐 형성되어 왔다.

7. E-books can be helpful, but they cannot _____ textbooks.
   전자 도서는 도움이 되지만, 그것이 교과서를 대체할 수는 없다.

8. They will check and _____ the bicycles of students as well.
   그들은 또한 학생들의 자전거를 점검하고 수리할 것입니다.

9. The man started breathing and _____ed consciousness.
   그 남자는 호흡하기 시작했고 의식을 되찾았다.

10. "The Departed" is a _____ of the Hong Kong film "Infernal Affairs."
    "The Departed"는 홍콩 영화 "Infernal Affairs(무간도)"를 다시 만든 작품이다.

11. Park said his wife needed the money to _____ debts.
    박씨는 자신의 부인이 빚을 갚기 위해 돈이 필요했다고 말했다.

12. Film critics _____ movies and evaluate their artistic and technical merit.
    영화 평론가들은 영화를 검토하고 그들의 예술적, 기술적인 가치를 평가합니다.

정답

[1] 1 부르다, 전화하다 2 찾다 3 순환, 자전거 4 만들다 5 행동하다 6 장소, 위치시키다 7 제공하다, 차려주다 8 sit, 측면, 입장 9 신선한 10 모으다 11 시야, 견해, 관점 12 형태, 형성하다 13 돌다, 돌리다 14 덮다, 덮개 15 원천, 자료 16 새로운 17 감다, 바람 18 지불하다 19 짝 20 마음, 꺼리다

[2] 1 거주하다 2 갱신하다 3 반응하다 4 되감다 5 언급, 논평(하다) 6 재활용 7 다시 만들다 8 회복시키다 9 복습, 검토 10 갚다, 상환하다 11 대체, 대신하다 12 생기를 찾게 하다 13 되돌아오다 14 상기시키다 15 개혁하다 16 기억해내다 17 자원 18 고치다 19 다시 모으다

[3] 1 pay 2 place 3 serve 4 gain 5 source 6 form 7 replace 8 repair 9 regain 10 remake 11 repay 12 review

| de- | 조금은 생소할 수 있는
명사, 동사, 필수 어근

UNIT 8.1 Essential Words — 쉬운 단어지만 필수니까!

필수 단어 및 어근	의미
press	
part	
crease	
lay	
scribe	
–clin(e) = lean	
–scend = rise	
–fect = make, fact	
–spise = see	
–tect = touch, cover	
–term = end, limit	
–pict = draw	
–struct = made	
–priv(e) = alone, separate	

UNIT 8.2 Adding Prefixes
이제 접두사를 붙여보자

유튜브 무료 강의 동영상 : 이단아VOCA
Green Level : Season 2 : Unit 8.2

접두사	필수 단어 및 어근	완성 단어	새로운 의미
de	press		
de	part		
de	crease		
de	lay		
de	scribe		
de	−clin(e) = lean		
de	−scend = rise		
de	−fect = make, fact		
de	−spise = see		
de	−tect = touch, cover		
de	−term = end, limit		
de	−pict = draw		
de	−struct = made		
de	−priv(e) = alone, separate		

다음 페이지로 넘어가자

Green Level - Season 2 _ Unit 8

UNIT 8.2 쉽지 않지만 조금 더 알아볼까

Additional Study

유튜브 무료 강의 동영상 : 이단아VOCA
Green Level : Season 2 : Unit 8.2

접두사	어근	접미사	완성 단어	새로운 의미
de	clar	e		
de	liver			
de	ject			
de	nounce			
de	fer			
de	lud	e		

단어의 변형과 의미를 다시 한 번 정리!
의미가 달라지는 단어도 있으니 잘 기억해!

press	누름, 인쇄, 언론	depress	우울하게 하다
part	부분, 일부	depart	분리(출발)하다
crease	주름, 구김살	decrease	줄다, 줄이다
lay	놓다, 눕히다	delay	연기하다, 미루다
scribe	(사본)필경자	describe	묘사하다
-clin(e) = lean	기울어진	decline	하락, 축소하다
-scend = rise	올라가다	descend	내려가다(오다)
-fect = make, fact	만들다, 사실	defect	결함, 버리다
-spise = see	보다	despise	경멸하다
-tect = touch, cover	만지다, 덮다	detect	감지, 탐지하다
-term = end, limit	제한하다	determine	결정하다
-pict = draw	그리다	depict	묘사하다
-struct = made	만들어진	destruct	파괴하다
-priv(e) = alone, separate	혼자	deprive	박탈하다
		declare	선언, 신고하다
		deliver	배달, 분만하다
		deject	낙담시키다
		denounce	비난, 고발하다
		defer	연기하다, 미루다
		delude	기만하다, 속이다

UNIT 8 오늘의 쪽지 시험
학습 효과를 확인해봐~!

1. 단어의 의미를 써보자.

단어	의미	단어	의미
1 scribe		11 lay	
2 press		12 -term=limit	
3 -pict=draw		13 crease	
4 -fact=make,fact		14 -scend=rise	
5 -clin(e)=rise		15	
6 -struct=made		16	
7 -tect=touch		17	
8 -priv(e)=alone		18	
9 part		19	
10 -spise=see		20	

2. 접두사 붙여 한 번 더~

단어	의미	단어	의미
1 declare		11 deliver	
2 destruct		12 deprive	
3 depart		13 detect	
4 delude		14 determine	
5 depict		15 despise	
6 deject		16 defer	
7 decline		17 depress	
8 descend		18 defect	
9 delay		19 denounce	
10 describe		20 decrease	

3. 빈 칸에 알맞은 단어를 넣자.

1 They survive because medieval _____s copied them and copied them and copied them.
   서적들이 살아 남을 수 있는 건, 중세의 서기(사본 쓰는 사람)들이 복사하고 또 복사하고 거듭 복사하기 때문이에요.

2 Free _____ isn't what it used to be.
   자유 언론 은 예전 같지 않다.

3 Above all else, classics are _____ of human spiritual heritage.
   무엇보다도 고전작품은 인간 정신문명 유산의 일부분 이다.

4 We always _____ the keys on the plate.
   우리는 항상 열쇠들을 그 접시 위에 둡니다.

5 We needed _____s and dimples and wrinkles and all of those things.
   주름, 보조개 등 그러한 것들을 표현해야 했습니다.

6 Recently, Guinness World Records _____d the bridge as the world's highest.
   최근, 기네스북은 이 다리를 세계에서 가장 높은 다리로 선언했다.

7 But remember that the robots can _____ people of jobs.
   그러나 로봇이 인간으로부터 일자리를 빼앗을 수 있다는 걸 기억하라.

8 The play _____ed him as a hero who worked hard for his people.
   그 연극은 그를 백성들을 위해 열심히 일하는 영웅으로 묘사했다.

9 I _____ you for what you've done.
   난 당신이 한 짓을 경멸해.

10 Fans are torn on whether they should celebrate or _____ the couple's relationship.
   팬들은 이 커플의 관계를 축하해야 할지 또는 비난해 야 할지에 대하여 분열되었습니다.

11 The trip was _____red for a week.
   여행은 1주일 연기되었다.

정 답

[1] 1 사본(쓰는 사람) 2 누름, 인쇄, 언론 3 그리다 4 사실, 만들다 5 올라가다, 기울다 6 만들어진 7 만지다 8 혼자 9 부분, 일부 10 보다 11 눕히다, 놓다 12 제한하다 13 주름, 구김살 14 올라가다

[2] 1 선언하다, 신고하다 2 파괴하다 3 분리하다, 출발하다 4 기만하다, 놀리다 5 묘사하다 6 낙담시키다 7 하락하다, 축소하다 8 내려가다(오다) 9 연기하다, 미루다 10 묘사하다 11 배달하다, 분만하다 12 박탈하다 13 감지, 탐지하다 14 결정하다 15 경멸하다 16 연기하다, 미루다 17 우울하게 하다 18 결함, 버리다 19 비난, 고발하다 20 줄다, 줄이다

[3] 1 scribe 2 press 3 part 4 lay 5 crease 6 declare 7 deprive 8 depict 9 despise 10 denounce 11 defer

Green Level – Season 2 _ Unit 8

| sub-, trans- | 어렵지 않은 **명사, 동사, 필수 어근**

UNIT 9.1 Essential Words
쉬운 단어지만 필수니까!

유튜브 무료 강의 동영상 : 이단아VOCA
Green Level : Season 2 : Unit 9.1

필수 단어 및 어근	의미
way	
marine	
title	
tract	
-urb = city	
-mit = send	
-stit(ute) = stand	
form	
plant	
action	
port	
-fer = carry	
-mit = send	
-lat(e) = bear, carry, letter	
-fuse = pour	

UNIT 9.2 Adding Prefixes 이제 접두사를 붙여보자

접두사	필수 단어 및 어근	완성 단어	새로운 의미
sub	way		
sub	marine		
sub	title		
sub	tract		
sub	-urb = city		
sub	-mit = send		
sub	-stit(ute) = stand		
trans	form		
trans	plant		
trans	action		
trans	port		
trans	-fer = carry		
trans	-mit = send		
trans	-lat(e) = letter, language		
trans	-fuse = pour		

UNIT 9.2 쉽지 않지만 조금 더 알아볼까

Additional Study

유튜브 무료 강의 동영상 : 이단아VOCA
Green Level : Season 2 : Unit 9.2

접두사	필수 어근	완성 단어	새로운 의미
sub	fer		
sub	ceed		
sub	gest		
sub	port		
sub	pend		

단어의 변형과 의미를 다시 한 번 정리!

의미가 달라지는 단어도 있으니 잘 기억해!

way	길, 방법	subway	지하철
marine	바다의	submarine	잠수함
title	제목, 칭호	subtitle	부제, 자막
tract	관, 계(소화,신경)	subtract	빼다
-urb = city	도시	suburb	교외
-mit = send	보내다	submit	제출, 항복하다
-stit(ute) = stand	서다	substitute	대리, 대신
form	형성하다	transform	변형하다
plant	식물, 심다	transplant	이식하다
action	행동	transaction	처리, 거래, 매매
port	항구, 이송	transport	이송
-fer = carry	옮기다	transfer	옮기다
-mit = send	보내다	transmit	전송하다
-lat(e) = bear, carry, letter	글자	translate	번역하다
-fuse = pour	쏟아 붓다	transfuse	수혈하다
		suffer	고통 받다
		succeed	성공, 계승하다
		suggest	제안, 암시하다
		support	지탱, 지지하다
		suspend	(아래로)매달리다, 중단하다

UNIT 9 오늘의 쪽지 시험

학습 효과를 확인해봐~!

1. 단어의 의미를 써보자.

단어	의미		단어	의미
1 form		11	action	
2 -fuse=pour		12	-mit=send	
3 plant		13	port	
4 -lat(e)=letter		14	tract	
5 -urb=city		15	-fer=carry	
6 marine				
7 -mit=send				
8 title				
9 -siti(ute)=stand				
10 way				

2. 접두사 붙여 한 번 더~

단어	의미		단어	의미
1 suspend		11	succeed	
2 transport		12	submarine	
3 transaction		13	transform	
4 subtract		14	transplant	
5 support		15	subtitle	
6 suggest		16	suffer	
7 transfer		17	suburb	
8 submit		18	transfuse	
9 subtraction		19	translate	
10 transmit		20	subway	

3. 빈 칸에 알맞은 단어를 넣자.

1. Her success _____ed an example for the other girls.
   그녀의 성공은 다른 소녀들의 본보기를 형성했다.

2. What is the _____ of the thesis ?
   그 논문의 제목은 뭐죠?

3. This way, they will learn to not repeat the _____ .
   이렇게 해서, 그들은 그 행동을 반복하지 않도록 배울 것입니다.

4. Why don't you _____ trees and flowers with your family today?
   오늘 가족과 함께 나무와 꽃들을 심어보는 건 어떨까요?

5. Walruses are large _____ mammals that live in the Arctic Ocean.
   바다 코끼리는 북극해에 살고 있는 큰 해양 포유동물입니다.

6. One useful _____ to use drones in the future is as a delivery system.
   미래에 드론을 이용하기 위한 유용한 방법은 운반 수단으로서이다.

7. He also received a liver _____ in the U.S..
   그는 미국에서 간 이식 수술을 받기도 했습니다.

8. Real estate agents negotiate _____s related to property.
   부동산 중개인들은 부동산과 관련된 거래를 협상합니다.

9. Most people _____ed the candidate.
   대부분의 사람들이 그 후보를 지지했다.

10. New towns are springing up in the _____s of Seoul.
    새로운 도시들이 서울 교외에 갑자기 생겨났습니다.

11. Doctors _____d Rh-blood to the patient.
    의사들이 그 환자에게 Rh-피를 수혈했다.

12. She could _____ the message to the general.
    그녀는 그 메시지를 장군에게 전송할 수 있었다.

정답

[1] 1 형태, 형성하다 2 쏟아 붓다 3 식물, 심다, 공장 4 글자 5 도시 6 바다(의) 7 보내다 8 제목, 칭호 9 서다 10 길, 방법 11 행동 12 보내다 13 항구, 이송 14 관, 계(소화관, 신경계) 15 옮기다

[2] 1 매달리다, 중단하다 2 이송 3 처리, 거래, 매매 4 빼다 5 지우다, 지지하다 6 제안, 암시하다 7 옮기다 8 제출하다, 항복하다 9 빼기 10 전송하다 11 성공하다, 계승하다 12 잠수함 13 변형하다 14 이식하다 15 부재, 자막 16 고통 받다 17 교인 18 수혈하다 19 번역하다 20 지하철

[3] 1 form 2 title 3 action 4 plant 5 marine 6 way 7 transplant 8 transaction 9 support 10 suburb 11 transfuse 12 transmit

| pre-, fore-, anti(e)- | 엄청나게 쉬운 **명사, 동사, 필수 어근** |

Green Level – Season 2

UNIT 10.1 쉬운 단어지만 필수니까!

Essential Words & Roots

유튜브 무료 강의 동영상 : 이단아VOCA
Green Level : Season 2 : Unit 10.1

필수 단어 및 어근	의미
view	
tend	
serve	
-dict = speak	
-vent = come	
-fer = carry	
-par(e) = equal	
-cede = go	
-clude = close	
head	
see	
father	
most	
-que = gone	
-cest = gone	
-ent = adj. suffix	
-cip(ate) = take	

UNIT 10.2 Adding Prefixes 이제 접두사를 붙여보자

유튜브 무료 강의 동영상 : 이단아VOCA
Green Level : Season 2 : Unit 10.2

접두사	필수 단어 및 어근	완성 단어	새로운 의미
pre	view		
pre	tend		
pre	serve		
pre	-dict = speak		
pre	-vent = come		
pre	-fer = carry		
pre	-par(e) = equal		
pre	-cede = go		
pre	-clude = close		
fore	head		
fore	see		
fore	father		
fore	most		
anti	-que = gone		
anti	-cest = gone		
anti	-ent = adj. suffix		
anti	-cip(ate) = take		

UNIT 10.2 Additional Study
쉽지 않지만 조금 더 알아볼까

유튜브 무료 강의 동영상 : 이단아VOCA
Green Level : Season 2 : Unit 10.2

접두사	단어 및 어근	접미사	완성 단어	새로운 의미
post	pone			
post	script			
post	graduate			
post	ter	or		
post	war			
post	season			
post	modernism			

단어의 변형과 의미를 다시 한 번 정리!
의미가 달라지는 단어도 있으니 잘 기억해!

view	시야, 견해, 관점	preview	시사회
tend	~하는 경향이 있다	pretend	~인 체하다
serve	제공하다, 차려주다	preserve	보존하다
-dict=speak	말하다	predict	예언하다
-vent=come	오다	prevent	예방하다
-fer=carry	옮기다	prefer	선호하다
-par(e)=equal	동등한	prepare	준비하다
-cede=go	가다	precede	앞서가다
-clude=close	닫다	preclude	금지, 못하게 하다
head	머리	forehead	이마
see	보다	foresee	예견하다
father	아버지	forefather	조상
most	가장~한, 대부분	foremost	가장 중요한
-que=gone	이미 가버린	antique	골동품(인)
-cest=gone	이미 가버린	ancestor	조상, 선조
-ent=adj. suffix	형용사형 접미사	ancient	고대의
-cip(ate)=take	취하다, 기울다	anticipate	고대, 기대하다
		postpone	미루다, 연기하다
		postscript	추신 = P.S.
		postgraduate	대학원생
		posterior	뒤쪽의
		post-war	전후의
		post-season	공식 이후 시즌
		post modernism	포스트모더니즘

UNIT 10 오늘의 쪽지 시험
학습 효과를 확인해봐~!

1. 단어의 의미를 써보자.

단어	의미		단어	의미
1 cip(ate)			11 view	
2 tend			12 most	
3 -que=gone			13 -clude=close	
4 father			14 serve	
5 -dict=speak			15 see	
6 -fer=carry			16 -vent=come	
7 -cest=gone				
8 cip(ate)				
9 -par(e)=equal				
10 -cede=go				

2. 접두사 붙여 한 번 더~

단어	의미		단어	의미
1 antique			11 post modernism	
2 preclude			12 foremost	
3 post-season			13 anticipate	
4 forefather			14 postpone	
5 posterior			15 preserve	
6 pretend			16 postscript	
7 prefer			17 foresee	
8 forehead			18 prepare	
9 ancient			19 ancestor	
10 preview			predict	

3. 빈 칸에 알맞은 단어를 넣자.

1 There is a bakery that _____s all sorts of Korean rice cakes.
   모든 종류의 한국 떡을 제공하는 떡집이 있어.

2 If you visit there, you can _____ many kinds of snakes!
   만약 여러분이 그 곳에 방문한다면, 많은 종류의 뱀들을 볼 수 있을 거예요!

3 I _____ to go to bed late at night during the vacation.
   나는 방학 동안 밤에 잠자리에 늦게 드는 경향이 있어.

4 It is still the _____ famous diary in the world.
   그것은 여전히 가장 유명한 일기 입니다.

5 Fans should not base their political _____s on celebrities' opinions.
   팬들의 정치적 견해가 유명인사들의 견해가 바탕이 되어서는 안 됩니다.

6 A sprained ankle _____d him from taking part in the game.
   삔 발목이 그를 경기에 나가지 못하게 했다.

7 Of course, there are many that _____ his death.
   물론 그의 죽음을 예견하는 많은 이들이 있다.

8 First and _____, we have to stay in safe places!
   첫째로 제일 중요한 것은, 안전한 장소에 머물러 있어야 해!

9 The game was _____d until Saturday.
   시합은 토요일까지 연기되었다.

10 But they're using their wealth in a way that their _____s never did.
   하지만 이들은 선조세대와는 다른 방식으로 돈을 활용합니다.

11 I'm sorry, but I don't want to _____ to be happy.
   미안해, 하지만 나는 행복한 척을 하고 싶지 않아.

정답

[1] 1 취하다, 기울이다 2 경향이 있다 3 (이미) 가버린 4 아버지 5 말하다 6 옮기다 7 (이미)가버린 8 취하다, 기울이다 9 동등한, 같은 10 가다 11 시각, 견해, 시야 12 대부분, 가장~한 13 닫다 14 제공하다, 차려주다 15 보다 16 오다

[2] 1 골동품(의) 2 금지하다, 막다 3 공식 이후 시즌 4 조상 5 뒤쪽의 6 ~인 체하다 7 선호하다 8 이마 9 고대의 10 시사회, 미리보기 11 포스트모더니즘 12 가장 중요한 13 기대, 고대하다 14 연기하다, 미루다 15 보존하다 16 추신 17 예견하다 18 준비하다 19 조상 20 예언하다

[3] 1 serve 2 see 3 tend 4 most 5 view 6 preclude 7 foresee 8 foremost 9 postpone 10 forefather 11 pretend

Green Level - Season 2 _ Unit 10

| up-,
| out-,
| over-

엄청나게 쉬운
명사, 동사, 형용사
현재분사(~ing), 과거분사

UNIT 11.1 Essential Words
쉬운 단어지만 필수니까!

Green Level : Season 2 : Unit 11.1

필수 단어	의미
date	
side	
grade	
stair(s)	
right	
coming	
set	
hold	
side	
door	
line	
come	
put	
let	
going	
standing	
weight	
sea(s)	
all	
come	
look	
hear	

UNIT 11.2 Adding Prefixes 이제 접두사를 붙여보자

Green Level : Season 2 : Unit 11.2

접두사	필수 단어	완성 단어	새로운 의미
up	date		
up	side		
up	grade		
up	stair(s)		
up	right		
up	coming		
up	set		
up	hold		
out	side		
out	door		
out	line		
out	come		
out	put		
out	let		
out	going		
out	standing		
over	weight		
over	sea(s)		
over	all		
over	come		
over	look		
over	hear		

단어의 변형과 의미를 다시 한 번 정리!
의미가 달라지는 단어도 있으니 잘 기억해!

date	날짜	update	갱신(하다)
side	측면, 옆, 곁	upside	긍정적인 면
grade	등급, 성적, 품질	upgrade	등급을 올리다
stair(s)	계단	upstair(s)	위층
right	옳은, 바른, 바로	upright	똑바른, 수직으로
coming	오는	upcoming	다가오는, 곧 있을
set	놓다, 설정하다	upset	화나게 만들다, 화난
hold	잡다	uphold	옹호하다
side	측면, 옆, 곁	outside	바깥(에)
door	문	outdoor	야외(의)
line	선	outline	윤곽, (개요를)서술하다
come	오다	outcome	결과
put	놓다, 두다	output	생산, 산출량, 출력
let	~하게 하다	outlet	배수구, 발산 수단, 아울렛
going	가는	outgoing	외향적인
standing	서 있는	outstanding	두드러진
weight	무게	overweight	과체중
sea(s)	바다	oversea(s)	해외의
all	모든	overall	전체적인, 종합적인
come	오다	overcome	극복하다
look	~로 보이다	overlook	간과하다
hear	듣다	overhear	엿듣다

UNIT 11 오늘의 쪽지 시험
학습 효과를 확인해봐~!

1. 단어의 의미를 써보자.

단어	의미		단어	의미
1 weight		11 side	
2 standing		12 sea(s)	
3 line		13 stair(s)	
4 all		14 grade	
5 door		15 hear	
6 come		16 look	
7 put		17 right	
8 going		18 coming	
9 let		19 hold	
10 date			

2. 접두사 붙여 한 번 더~

단어	의미		단어	의미
1 update		11 uphold	
2 upset		12 upside	
3 upcoming		13 outside	
4 outdoor		14 upright	
5 outline		15 outstanding	
6 outgoing		16 overlook	
7 overall		17 overcome	
8 overhear		18 upstair(s)	
9 output		19 right	
10 outlet		20 outcome	

3. 빈 칸에 알맞은 단어를 넣자.

1. So, if you consume too much, you can still gain _____ .
   따라서, 너무 많이 소비할 경우, 체중이 늘어날 수 있습니다.

2. Every year, the government _____s an official ceremony to honor the day.
   매년, 정부는 그날을 기리기 위해서 공식 행사를 개최합니다.

3. These potatoes are _____d according to size.
   이런 감자들은 크기에 따라서 등급이 매겨진다.

4. There are always many _____s to one story.
   한 이야기에는 항상 많은 측면이 있다.

5. When the wind is too strong, lock windows and _____s.
   바람이 너무 강할 때는 창문과 문을 걸어.

6. Don't _____ your smartphone take control of your life!
   스마트폰이 널 좌지우지 못하게 해!

7. They are an _____ for our inner emotions.
   그들은 우리 내면 감정의 배출구입니다.

8. Do not succumb to despair, and learn to _____ adversity.
   절망에 굴복하지 말고 역경을 극복하는 것을 배웁시다.

9. A police officer's job is to protect citizens and _____ the law.
   경찰관의 책임은 시민을 보호하고 법을 옹호하는 것이다.

10. They are in their room, but I can _____ them.
    그들은 방에 있지만, 말하는 소리를 엿들을 수 있다.

11. You may think people who like red are _____ and active.
    빨간색을 좋아하는 사람들이 외향적이고 활달하다고 생각할지도 모르겠군요.

12. Also, France is famous for producing wine of the most _____ quality.
    또한 프랑스는 가장 최상의 질의 와인을 생산하기로 유명합니다.

정답

[1] 1 무게 2 쥐 있는 3 선 4 모든 5 문 6 오다 7 놓다 8 가는 9 ~하게 하다 10 날개 11 측면, 옆, 곁 12 바다 13 계단 14 등급, 성적, 품질 15 듣다 16 ~보이다 17 오른쪽(의), 옳은, 권리 18 오는 20 잡다, 개최하다

[2] 1 갱신(하다) 2 화나게 하다 3 다가오는 4 야외의 5 윤리, 개요를 서술하다 6 외향적인 7 전체적인 8 엿듣다 9 생산, 산출량 10 배수구, 발산 수단 11 옹호하다 12 긍정적인 면 13 바깥에(으로) 14 똑바로 선 15 두드러진 16 간과하다 17 극복하다 18 위층 19 바른, 옳은, 바로 20 결과

[3] 1 weight 2 hold 3 grade 4 side 5 door 6 let 7 outlet 8 overcome 9 uphold 10 overhear 11 outgoing 12 outstanding

| tele-, inter-, ad- | 어렵지 않은 **명사, 동사,** **대부분 이전에 배웠던 어근**

UNIT 12.1 Essential Words & Roots
쉬운 단어지만 필수니까!

유튜브 무료 강의 동영상 : 이단아VOCA
Green Level : Season 2 : Unit 12.1

필수 단어 및 어근	의미
vision	
scope	
phone	
communicate	
–pathy = feel	
view	
action	
national	
–val = adj. suffix	
–fer = carry	
–pret = explain	
–rupt = break	
–cept = take	
point	
tend	
opt	
–scend = rise	
–sist = stand	
–riv(e) = come	
–quir(e) = ask	

UNIT 12.2 Adding Prefixes 이제 접두사를 붙여보자

유튜브 무료 강의 동영상 : 이단아VOCA
Green Level : Season 2 : Unit 12.2

접두사	필수 단어 및 어근	완성 단어	새로운 의미
tele	vision		
tele	scope		
tele	phone		
tele	communicate		
tele	-pathy = feel		
inter	view		
inter	action		
inter	national		
inter	-val = adj. suffix		
inter	-fer = carry		
inter	-pret = explain		
inter	-rupt = break		
inter	-cept = take		
ad	point		
ad	tend		
ad	opt		
ad	-scend = rise		
ad	-sist = stand		
ad	-riv(e) = come		
ad	-quir(e) = ask		

UNIT 12.2 Additional Study — 쉽지 않지만 조금 더 알아볼까

유튜브 무료 강의 동영상 : 이단아VOCA
Green Level : Season 2 : Unit 12.2

접두사	단어 및 어근	접미사	완성 단어	새로운 의미
under	ground			
under	line			
under	wear			
extra	ordinary			
extra	ter	rest + rial		
extra	al			
extra	eme			

단어의 변형과 의미를 다시 한 번 정리!

의미가 달라지는 단어도 있으니 잘 기억해!

vision	시력, 시각, 환상	television	텔레비전
scope	범위, 영역, 시야	telescope	망원경
phone	전화, 소리	telephone	전화(기)
communicate	의사소통하다	telecommunicate	원거리 통신하다
-pathy = feel	느끼다	telepathy	텔레파시
view	관점, 장면, 견해	interview	인터뷰(하다)
action	행동	interaction	상호작용
national	국가의	international	국제적인
-val = adj. suffix	형용사형 접미사	interval	간격, 음정
-fer = carry	옮기다	interfere	간섭하다
-pret = explain	설명하다	interpret	해석하다
-rupt = break	부수다	interrupt	방해하다
-cept = take	취하다	intercept	가로막(채)다
point	의견, 요점	appoint	지명(임명)하다
tend	~하는 경향이 있다	attend	참석하다
opt	택하다	adopt	입양하다
-scend = rise	올라가다	ascend	올라가다
-sist = stand	서다	assist	돕다
-riv(e) = come	오다	arrive	도착하다
-quir(e) = ask	묻다	acquire	습득하다
		underground	지하의
		underline	밑줄 긋다, 강조하다
		underwear	속옷
		extraordinary	기이한, 놀라운
		extraterrestrial	외계인
		external	외부의
		extreme	극단적인

UNIT 12 오늘의 쪽지 시험

학습 효과를 확인해봐~!

1. 단어의 의미를 써보자.

단어	의미		단어	의미
1 point			11 tend	
2 -quir(e)=ask			12 national	
3 action			13 opt	
4 scope			14 -fer=carry	
5 view			15 -riv(e)=come	
6 -scend=rise			16 -val=adj.suffix	
7 vision			17 -sist=stand	
8 -rupt=break			18 phone	
9 -cept=take			19 -pret=explain	
10 -pathy=feel			20 communicate	

2. 접두사 붙여 한 번 더~

단어	의미		단어	의미
1 intercept			11 telescope	
2 adopt			12 television	
3 international			13 attend	
4 telephone			14 interaction	
5 underground			15 interview	
6 interval			16 acquire	
7 interfere			17 interrupt	
8 telecommunicate			18 appoint	
9 interpret			19 telepathy	
10 underline			20 decrease	

3. 빈 칸에 알맞은 단어를 넣자.

1 He explained his _____ of a perfect society.
   그는 완전한 사회에 대한 자기 나름의 이상적인 전망을 설명했다.

2 So they _____ for diet soda to cut down on their sugar intake.
   따라서 그들은 설탕 섭취를 줄이기 위해 다이어트 음료를 선택하고 있습니다.

3 The White Tailed Eagle is the _____ symbol of Poland.
   흰 꼬리 독수리는 폴란드 국가의 상징입니다.

4 The _____ of the Internet's growth is baffling.
   인터넷 성장의 범위는 이해할 수 없다.

5 The _____ of social networking sites is to connect with other people.
   소셜 네트워킹 사이트의 요점은 다른 사람들과 연결해준다는 것입니다.

6 Two days later the hospital _____d us to come get Rod.
   이틀 후에 병원으로부터 로드를 데려가라는 전화가 걸려왔다.

7 There was a long _____ before he replied.
   그가 답장하기 전까지 긴 시간 간격이 있었다.

8 She _____d the benefits of failure in her speech.
   그녀는 연설에서 실패의 이점을 강조했다.

9 _____ a set of skills that will remain relevant.
   관련될 수 있는 기술을 습득하라.

10 They want audiences to _____ the narrative on their own.
   그들은 관객들이 그 묘사된 이야기를 스스로 해석하기를 원한다.

11 A hotel earns much money by _____ing a new idea.
   한 호텔이 새로운 아이디어를 채택해 많은 돈을 벌고 있다.

12 They _____ed an officer who would mediate between the vendor and the purchaser.
   그들은 판매자와 구매자 사이를 중개하는 관리자를 임명했습니다.

정답
[1] 1 요점 2 묻다 3 행동 4 범위, 영역, 시야 5 관점, 장면, 견해 6 오르다 7 시력, 시각, 전망 8 부수다 9 취하다 10 느끼다 11 경향이 있다 12 국가적인 13 택하다 14 옮기다 15 오다 16 형용사형 접미사 17 서다 18 전화, 소리 19 설명하다 20 의사소통 하다
[2] 1 가로(채)막다 2 입양, 채택하다 3 국제적인 4 원격 5 지하의 6 간격, 음정 7 간섭하다 8 원거리 통신하다 9 해석하다 10 강조하다 11 망원경 12 T.V. 13 참석하다, 시중들다 14 상호작용 15 인터뷰 16 습득하다 17 방해하다 18 지명(임명) 19 텔레파시 20 줄이다
[3] 1 vision 2 opt 3 national 4 scope 5 point 6 phone 7 interval 8 underline 9 Acquire 10 interpret 11 adopt 12 appoint

Green Level - Season 2 _ Unit 12

com-, co-, com-의 변형

어렵지 않은 **명사, 형용사, 배웠던 어근과 새로운 어근**

UNIT 13.1 Essential Words & Roots
쉬운 단어지만 필수니까!

▶ 유튜브 무료 강의 동영상 : 이단아VOCA
Green Level : Season 2 : **Unit 13.1**

필수 단어 및 어근	의미
bat	
pose	
bine	
−pet(e) = seek, drive	
−pan(y) = bread	
−mand = order	
−mon = exchange	
−ment = speak	
−par(e) = equal	
−mit = send	
front	
firm	
−fuse = pour	
−cern = observe	
−clude = close	
−gress = go, walk	
−centr(ate) = center	
−nect = fasten	
−side(r) = sit	

UNIT 13.2 Adding Prefixes 이제 접두사를 붙여보자

접두사	필수 단어 및 어근	완성 단어	새로운 의미
com	bat		
com	pose		
com	bine		
com	–pet(e) = seek, drive		
com	–pan(y) = bread		
com	–mand = order		
com	–mon = exchange		
com	–ment = speak		
com	–par(e) = equal		
com	–mit = send		
con	front		
con	firm		
con	–fuse = pour		
con	–cern = observe		
con	–clude = close		
con	–gress = go, walk		
con	–centr(ate) = center		
con	–nect = fasten		
con	–side(r) = sit		

UNIT 13.2 Additional Study — 쉽지 않지만 조금 더 알아볼까

접두사	단어 및 어근	접미사	완성 단어	새로운 의미
co	lect			
co	labor	ate		
co	rect			
co	relat	ion		
co	work	er		
co	exist			

단어의 변형과 의미를 다시 한 번 정리!
의미가 달라지는 단어도 있으니 잘 기억해!

bat	몽둥이, 박쥐
pose	자세, 제시하다
bine	덩굴
-pet(e) = seek, drive	추구하다
-pan(y) = bread	빵
-mand = order	명령하다
-mon = exchange	교환하다
-ment = speak	말하다
-par(e) = equal	동등한
-mit = send	보내다
front	앞(쪽)
firm	단단한, 견고한, 회사
-fuse = pour	쏟아 붓다
-cern = observe	관찰하다
-clude = close	닫다
-gress = go, walk	가다
-centr(ate) = center	중앙의
-nect = fasten	잠그다
-side(r) = sit	앉다

combat	전투
compose	작문, 작곡, 구성하다
combine	결합하다
compete	경쟁하다
company	동료, 회사
command	명령하다
common	일반적인
comment	언급, 논평
compare	비교하다
commit	위임, 위탁하다
confront	직면하다
confirm	확증하다
confuse	혼란시키다
concern	걱정시키다, 관심 갖다
conclude	결론짓다
congress	의회
concentrate	집중하다
connect	연결하다
consider	숙고하다
collect	모으다, 수집하다
collaborate	협동하다
correct	옳은, 고치다
correlation	연관성, 상관관계
coworker	협력자, 직장동료
coexist	공존하다

Green Level - Season 2 _ Unit 13

UNIT 13 오늘의 쪽지 시험
학습 효과를 확인해봐~!

1. 단어의 의미를 써보자.

단어	의미		단어	의미
1 front			11 bine	
2 firm			12 –fuse=pour	
3 –gress=go,walk			13 –pan(y)=bread	
4 –mit=send			14 –ment=speak	
5 pose			15 –mon=exchange	
6 –side(r)=sit			16 –par(e)=equal	
7 –pet(e)=seek,drive			17 –centr(ate)	
8 –cern=observe			18	
9 –mand=order			19	
10 –clude=close			20	

2. 접두사 붙여 한 번 더~

단어	의미		단어	의미
1 coexist			11 concentrate	
2 combat			12 compose	
3 congress			13 correct	
4 combine			14 compare	
5 conclude			15 commit	
6 comment			16 compete	
7 concern			17 consider	
8 correlation			18 confront	
9 common			19 command	
10 confuse			20 collect	

3. 빈 칸에 알맞은 단어를 넣자.

1. As the news spread, many Korean _____s and individuals offered their help.
   소식이 퍼져나가면서, 많은 한국 회사들과 개인들이 도움을 주었다.

2. This idea _____s a particular problem.
   이러한 생각은 특정한 문제를 제기한다.

3. The _____ faces of the building have a distinctive design.
   이 건물 앞면의 디자인은 독특합니다.

4. Parents should teach their kids that it is wrong to _____ crimes.
   부모는 아이에게 범죄를 저지르는 것은 잘못되었음을 가르쳐야 합니다.

5. Even after some careful explanation, we are still left _____d .
   주의 깊은 설명을 들은 후에도, 우리는 여전히 혼란스럽다.

6. Some adverts may want to _____ in terms of price.
   어떤 광고는 가격 면에서 경쟁하고 싶어한다.

7. There is a close _____ between unemployment and crime.
   실업과 범죄 간에는 밀접한 상관관계가 있다.

8. Members of _____ are not happy with the decision either.
   의회 의원들 또한 이 결정에 만족하지 않는다.

9. Ice bergs are not made up of salt seawater; they are _____d of fresh water.
   빙하는 소금물로 구성되지 않는다; 그것들은 신선한 물로 구성 되어 있다.

정답

[1] 1 앞(쪽) 2 단단한, 견고한, 회사 3 나아가다 4 보내다 5 자세, 제시하다 6 앉다 7 추구하다 8 관찰하다 9 명령(하다) 10 닫다 11 덩굴 12 쏟아 붓다 13 빵 14 말하다 15 교환하다 16 동등한, 같은 17 중앙(의)

[2] 1 공존하다 2 전투 3 의회 4 결합하다 5 결론짓다 6 언급, 논평 7 걱정시키다, 관심 갖다 8 상관관계 9 일반적인 10 혼란시키다 11 집중하다, 모으다 12 작문, 작곡, 구성하다 13 옳은, 고치다 14 비교하다 15 위임하다, 저지르다 16 경쟁하다 17 고려하다 18 직면하다 19 명령하다 20 모으다, 수집하다

[3] 1 firm 2 pose 3 front 4 commit 5 confuse 6 compete 7 correlation 8 Congress 9 compose

Green Level – Season 2 _ Unit 13

| en-,
| per-

어렵지 않은 **명사**,
엄청나게 쉬운 **형용사**,
필수 어근

UNIT 14.1 Essential Words & Roots
쉬운 단어지만 필수니까!

필수 단어 및 어근	의미
joy	
force	
courage	
power	
hance	
large	
rich	
close	
able	
sure	
-plo(y) = fold, fill	
form	
-fect = make, fact	
-ceive = take	
-fume = smell	
-sist = stand	
-spect(ive) = see	
-sue(ade) = try, follow	
-man(ent) = remain	

UNIT 14.2 Adding Prefixes 이제 접두사를 붙여보자

접두사	필수 단어 및 어근	완성 단어	새로운 의미
en	joy		
en	force		
en	courage		
en	power		
en	hance		
en	large		
en	rich		
en	close		
en	able		
en	sure		
en	–plo(y) = fold, fill		
per	form		
per	–fect = make, fact		
per	–ceive = take		
per	–fume = smell		
per	–sist = stand		
per	–spect(ive) = see		
per	–sue(ade) = try, follow		
per	–man(ent) = remain		

단어의 변형과 의미를 다시 한 번 정리!

의미가 달라지는 단어도 있으니 잘 기억해!

joy	즐거움, 환희	enjoy	즐기다
force	힘, 영향력	enforce	집행, 행사하다
courage	용기	encourage	용기를 북돋우다
power	힘, 권력	empower	권한을 주다
hance	껴입부(위)	enhance	향상시키다
large	커다란	enlarge	확대, 확장하다
rich	풍성한, 부자인	enrich	풍성하게 하다
close	가까운, 닫다	enclose	에워싸다
able	~할 수 있는	enable	가능케 하다
sure	확실한	ensure	보장하다
−plo(y) = fold, fill	접다, 채우다	employ	고용하다
form	형성(하다)	perform	수행하다
−fect = make, fact	만들다, 사실	perfect	완전한
−ceive = take	취하다	perceive	인지하다
−fume = smell	냄새	perfume	향수
−sist = stand	서다	persist	지속하다
−spect(ive) = see	보다	perspective	통찰력, 원근법
−sue(ade) = try, follow	시도하다, 따르다	persuade	설득하다
−man(ent) = remain	남기다	permanent	영구적인

UNIT 14 오늘의 쪽지 시험
학습 효과를 확인해봐~!

1. 단어의 의미를 써보자.

단어	의미		단어	의미
1 form			11 sure	
2 -plo(y)=fold,fill			12 large	
3 joy			13 able	
4 rich			14 -ceive-=take	
5 -sue(ade)=try,follw			15 hance	
6 power			16 close	
7 courage			17 -fect=make,fact	
8 -spect(ive)=see			18 -fume=smell	
9 force			19 -man(ent)=remain	
10 -sist=stand				

2. 접두사 붙여 한 번 더~

단어	의미		단어	의미
1 enrich			11 enlarge	
2 persist			12 ensure	
3 perspective			13 persuade	
4 enjoy			14 enforce	
5 enclose			15 permanent	
6 enable			16 employ	
7 perfume			17 encourage	
8 empower			18 perfect	
9 enhance			19 perform	
10 perceive				

3. 빈 칸에 알맞은 단어를 넣자.

1. You need to eat foods that are _____ in iron.
   여러분은 철분이 풍부한 음식을 먹어야 합니다.

2. Firefighters' bravery and _____ may well be praised and appreciated.
   소방관들의 용감함과 용기는 당연히 칭찬받고 감사하게 생각되어야 한다.

3. The elephant has long been a symbol of _____ and strength.
   코끼리는 오랫동안 힘의 상징이었습니다.

4. Sports are great tools fo _____ing an individual's character.
   스포츠는 개인의 성격을 형성하는데 좋은 도구이다.

5. The cumulative sales of his new album are _____ to 100,000 copies.
   그의 새 앨범 누적 판매량은 10만 장에 거의 가까워진다.

6. I guess computers will be _____ to converse like humans
   컴퓨터가 인간처럼 대화할 수 있을 거라고 생각해.

7. Education _____s one's opportunities.
   교육은 사람에게 기회를 넓혀 준다.

8. A new project now _____s the children to play soccer even at night.
   현재 새로운 프로젝트가 그 어린이들이 심지어 밤에도 축구를 할 수 있도록 보장 해줍니다.

9. Water storage has remained low in dams, as dry weather _____s.
   건조한 기후가 지속되면서 댐의 저수량이 줄었다.

10. People _____ time differently in different situations.
    사람들은 각기 다른 상황에서 다르게 시간을 인지한다.

11. Discipline _____s a pianist to play with ease.
    연습은 피아니스트에게 쉽게 피아노를 칠 수 있는 힘을 준다.

12. Zoos are investing much funds and time to _____ their future sustainability.
    동물원은 미래 지속 가능성을 보장하기 위해 돈과 시간을 투자하고 있다.

정답

[1] 1 형태, 형성하다 2 접다, 채우다 3 즐거움 4 부자인, 풍성한 5 시도하다, 따르다 6 힘, 권력 7 용기 8 보다 9 임 10 서다 11 확실하다 12 커다란 13 ~할 수 있는 14 취하다 15 꺾임부(위) 16 가까운, 닫다 17 만들다, 사실 18 냄새 19 남다

[2] 1 풍성하게 하다 2 지속하다 3 통찰력, 원근법 4 즐기다 5 에워싸다 6 할 수 있게 하다 7 향수 8 권한을 주다 9 향상시키다 10 인지하다 11 확대, 확장하다 12 보장하다 13 설득하다 14 집행, 행사하다 15 영구적인 16 고용하다 17 용기를 북돋우다 18 완벽한 19 수행하다

[3] 1 rich 2 courage 3 power 4 form 5 close 6 able 7 enlarge 8 enable 9 persist 10 perceive 11 empower 12 ensure

Yon made it perfectly!
to be continued

펴낸 날 초판 1쇄 2017년 7월 25일

지은이	김승범, 심호승
펴낸이	김민경
디자인	김명주 (주)앤디자인
인쇄	CH P&C
펴낸곳	PAN n PEN
출판등록	제307-2015-17호
주소	서울 성북구 길음로9길 40
전화	02-6384-3141
이메일	panpenpub@gmail.com
배본	승주출판유통
저작권	ⓒ김승범, 2017
편집저작권	ⓒPAN n PEN, 2017

이 책은 저작권법에 따라 보호를 받는 저작물이므로 무단 전재와 무단 복제를 금지하며, 이 책 내용의 전부 또는 일부를 이용하려면 반드시 저작권자와 PAN n PEN의 서면 동의를 받아야 합니다. 제본, 인쇄가 잘못되거나 파손된 책은 구입하신 곳에서 교환해드립니다.

ISBN 979-11-958828-4-7 13740
값 8,800원